Vapaa valinta

Mika Seppälä

Vapaa valinta

ajatuksia

Kustantaja: BoD™ – Books on Demand, Helsinki, Suomi

Valmistaja: Books on Demand GmbH, Norderstedt, Saksa

ISBN: 978-952-318-397-1

Kun kerran kiteytin,
kuinka raskas oli ollut eloni tie,
sen jälkeen kuin rikas mies pelkäsin,
kuka minulta koruni vie.

Olin poltellut koko päivän,
katsellut ikkunasta,
kuinka rastaat räpyttelivät
ja jäivät hetkeksi siivilleen.

Halusin olla tovin yksin.
Päästin savun ulos.

Nykyaika.

Emme käy katsomassa sairasta.
Sen jälkeen sairaan kuolema on
sen oma asia.

Kesken kaiken humalan
löysin eräästä nurkasta jäljen humalasta,
jonka siivosin jo pois.

Lapsena hänelle opetettiin
aamutoimet.

Kun hän tuli aikuiseksi
hänellä ei ole enää muuta
kuin pestä
hampaitansa.

Jos elämä on kaiken summa,
se ei ole kenenkään syytä.

(matkalla)

etsin ja kauas katson,
tutkin valon ja varjon ja pimeän,
kunnes tulee ikävälle sopiva hetki,
se mikä on yötä enemmän

nousee jostakin menneisyyden aamu,
aurinko punainen kuin huuto,
eilisten askelten kivun

huuhtoen kulkee puheeni,
toiset vihaan, toiset suruun,
mikä lopulta jäljelle jää

Pienenä vaikka kuinka kurkotti
puu oli liian korkea
ja siellä eevan omena
mutta se annettiin soseena jo
silloin.

- kuunneltuani totuuksia elämästäni,
vasta kun sinä kysyt minulta:
loukkaannuinko?
minä loukkaannun.

Tutkin taivasta.
Otavan kauhassa avaruus pyörii kuin tivolissa.
Yö on uneton.
Muistan rauhoittavan lääkkeen,
menen aamulla apteekkiin.

Tähtitaivaan hinta omavastuuosuus 25 markkaa.

Niin pitkäksi on tullut tämä päivä
että luulen kohta tekeväni havainnon

maalasin,
yritin tehdä enkelin,
eivät sen siivet kantaneet

se maalin alle nukkui,
unelmieni alle hukkui,
kai ovat sen hopeaiset sulat muualle rantautuneet,
vastauksena vieraan maan hiljaisiin rukouksiin
antautuneet
kuin kuolleen linnun, hengettömän,
ja tekivät minusta,
maalarista,
kädettömän

Kesken kaiken ikävän
havahdun meteliin
kun asuntoni ikkunat alkavat riidellä
mikä niistä saa näyttää minulle
ensimmäisen kevätpäivän.

tiellä on epätavallisen paljon liikennettä
mutta kotiovella pysähdyksissä yksi kissa

Runoilija vaikeni,
yleisö melkein hiljeni.
Hän lausui runon
korvista sisään ja ulos,
kävi salissa tuuli.
Runoilija kiitti, pokkasi ja poistui,
koko kylän viikon huuli.

Sateen alkaessa
enkelten helminauhat katkeavat,
lukit kutovat hämärissä uusia seittejä
räystäiden alle ja keräävät pisaroita
uusiksi nauhoiksi,
nauravat.

talvi:
katuvalot pyyhkivät pölyä lumihiutaleista
kun vedän rullaverhon alas

katuvalojen päässä minua ohjaa yksi ylimääräinen
ternimaidonvärinen kuu

tänä jouluna laitan kuusenlatvaan tähden sijasta
piparkakun ja syön sen pois
niin eksyvät itämaan tietäjät
niin kuin minäkin kuuni perässä nyt

vierailuajan jälkeen
kaipaat vain tupakkaa
hengähdät nopeasti pois
rakkaus on sairaala

Me kaksi rannalla,
termoksessa kahvia.
Yksinäinen aalto leviää hiekalle
kuin kaulittu taikina
ja vetäytyy
väärän havainnon jälkeen.

lähden matkaan toimittamaan asioitani
kauppaan kauppaan
keskelle ihmisiä
väistelläkseni heitä

kun suljen toisen silmäni
toinen yllättää minut

palatessani kevään päälle satanut lumi
on auringossa sokaisevan valkoista

jos kerron siitä sinulle,
häikäistytkö?

Seura tekee kaltaisekseen
mutta jos seura loppuu
jäät sellaiseksi.

on niitä jotka soittavat
ja niitä jotka vastaavat puhelimeen

rakkaudesta ikävyyksiin
kuoliaaksi nukuttuja öitä
helppoja hitaita tiskinreunaa
sateisia öitä

haljennut muovipussi laulaa heinikossa
repeytynyt siipi laulaa heinikossa

kasvatko minua ympäri
jos haluat minua liikaa?

kiertääkö spottivalo
tuopinreunaan täysikuun
jos minä jotakuta rakastin?

Yhä enemmän minä pelkään
että elämässäni olen pelkkä osoitus siitä
että niinkin voi tapahtua.

jos tämä elämä ennen kuolemaani minulle
avautuu
se on ilmestys

usein minä luulen
että elämä on joki joka ei laske –

jos minä muistaisin syntymäni
minulla olisi taito täältä lähteä

pienikin pelko
muistuttaa itsestään kauemmin
kuin huono omatunto

ajaa
ajaa
kunnes äkkiä ohitan paikan
johon kuolemani jälkeen kertaudun

Olen rakentanut maista kunniaa kuin seinää
se on seinä
olen rakentanut
ja kun se on valmis,
kusen nurkkiin ja merkitsen ne kaikki.

Koko nuoruuteni luin Raamattua,
sen jälkeen aloin ryypätä,
kun joku toinen ryyppäsi koko nuoruutensa,
sen jälkeen alkoi lukea Raamattua.

Kaipaat elämääsi ratkaisijaa
painaa Jeesus sädekehänsä katkaisijaa
ja hiipii luoksesi kuin varas
sielujen lukkomestari paras
ei aprikoi
vaan hetken sydäntäsi tiirikoi
ja tunnet jotain hyvin kummaa
kun Jeesus sisälläsi syntejäsi summaa
ja sinulle, sinulle, armonsa pummaa

minulla on kiire kuolla
saadakseni tietää
kuka on
murhaaja

Kuinka paljon enemmän odottaisin ystävääni,
jos hän ei mitään lupaa
ja sanoo,
ehkä tulen

Millä kiireellä kapuaisin aamulla ikkunaan,
jos päivä ei mitään vanno
vaan laulaa,
ehkä nousen

Mikä olisi ihmiselle ihminen,
jos jo täällä hänen tielleen lankeaisi ikuisuuden
varjo,
kun kuolema kuiskaa,
ehkä haen.

niin on sydämessäni pahuutta –
paljonko minun tulee elää oikein, että
synti muuttuu erheeksi?

olen elänyt liikaa
toisten kautta,
olen itseni näköinen
naapuri

vien viimeisen pisaran
viiniä aurinkoon
ja annan sen haihtua pois

huuhdon kasvoni vedellä
mutta katseeni jätän pesemättä

lasken huoneeni
mutta vain yhdessä
kaipaan sinua enemmän

ulkona tuuli pysähtyy puuhun
ja minä taivun yhtä paljon

yö:
tuijotan puhelinta
ja mietin
milloin liian myöhäinen
muuttuu
liian aikaiseksi

äidillä kipeä oli rintalasta
kun hän syötti rintalasta

olin niin poissaoleva
että kysyit
mahdollista sijaintiani
tullaksesi tapaamaan
minua sinne

kuivasin kasvojani
kuumana kesäpäivänä

sinä piirsit hietikolle
täydellisen ympyrän

kun en muutakaan voinut
heitin pyyhkeen kehään

Maalaatko minun kuvaani,
aloitatko siitä mistä olen rikki

hitaastiko tunnet minut siitä
mihin minua koskee,
ja pidät lujasti kiinni siitä
mihin vasten sinua nojaan liikaa

ja kun ajattelen sinua,
minun tehtäväni on olla kipeä

kirjoitatko minusta vielä runon
johon ei liity rikosta

jaatko vielä kanssani päivän
jonka jälkeen ei kokoonnu oikeus?

Sitten
menimme nukkumaan
varmana siitä,
että unten majatalossa
on vielä vapaita
huoneita

Olimme ihmisiksi
syntyneitä, joille vielä
myöhään aikuisena sanottiin
olkaapa
ihmisiksi

Älä tule kiveksi
kenkääni kurkkuuni
soraääneksi.

Jos maalaisit eri painajaisesi
samalla pensselillä
ohitseni.

Jos riitelisit riitasi
jo kuolleille –

Jos jokaisen rakastumisesi
vielä rakastaisit
minussa.

vastaa minulle:

onko parempi olla
paskainen pengottu multa,
joka kukkii kauniisti,

vai puhdas koskematon maa,
joka ei
kasva?

Tullessasi kotiin
olin puoliksi alasti.

Sait vain arvata,
olinko pukeutumassa vai
riisumassa loppujakin pois.

Niin moni nautti minut kerralla,
mutta tässä tapauksessa
vuosien jälkeen emme ole
panneet vielä edes uunia päälle.

Kun
lakkasin epäilemästä luojaani,
menetin kaiken uskoni.

Missä vaiheessa
luomistyötä
Jumala teki ihmisen
niin monimutkaiseksi,
että se muuttui
kivun ja sairauden tuttavaksi?

kestän kipua
vaikka kuoliaaksi asti
jollei se ole mitään
vakavaa

kerrottuani elämästäni
kasvoillasi oli sellainen ilme
että minun oli lupa tehdä
siihen korjauksia

juuri nyt
ajattelisin elämääni
tasan niin kauan
kuin uskoisin siitä valheesta
kaiken

humalassa yritän puhua kuin selvä
ja selvänä soperran kuin humalainen

sanojen liike etsii suuntaa
eikä enää tiedä
mikä on vasen, mikä oikea

tyhjä tuoppi on samantekevän
täysi tai kulautettu pohjaan

minua kiertävä kuu ei enää
koskaan ole uusi vaan
aina sama pyöreä
elämästä pesty haalistunut pallo

jääköön juomatta,
pieninkin valo jättää itsensä tyköni
tuomatta

jumalani

olet vapaa valinta,
vaikka elämäni on
risteämätön tie –

sanasi on lakini,
vaikket koskaan
sano

olet valvottu yö,
aamulla nouseva aurinko
on vain kirkkautesi varjo

huutaa kaikki minussa
paitsi suu,
niin kauan on rakkautesi
kuin olen hiljaa
enkä teoillani mitään sinusta todista

ja olet, yhä vain olet,
kunnes totun sinusta sirpaleiksi –
saa illan viimeinen kajo,
pimeydestäsi häikäistyn sokeaksi,
silmäni lopulta
auki